Andreas Diehl

Abschied ins dritte Land

Zweimal gelebt/ich hab mich verloren

Andreas Diehl
»Heimkehr aus Moskau«

Russische Nachdichtung
Oleg Akulov

ПРОЩАНИЕ В ТРЕТЬЮ СТРАНУ

Прожив две жизни/я потерял себя

Андреас Диль
«Возвращение из Москвы»

Литературный перевод на русский язык
Олег Акулов

verlag am

ISBN 3-89793-107-9

© für diese Ausgabe verlag am park, ein Imprint der
edition ost

Rosa Luxemburg Str. 39, 10178 Berlin

eMail: edition-ost@aaagentur.com

Alle Nachdrucke sowie Verwertung in Film, Funk und
Fernsehen und auf jeder Art von Bild-, Wort- und
Tonträgern sind honorar- und genehmigungspflichtig

Alle Rechte vorbehalten

Interlinearübersetzung: Katja Turtschaninova, Moskau

Umschlag: Jelena Inosemzeva

Satz und Layout: Lucas

Printed in Germany

Die Bücher der edition ost
erscheinen in der Eulenspiegel Verlagsgruppe
www.edition-ost.de

Preis 10 Euro

Vorwort

Die in diesem Buch veröffentlichten Gedichte von Andreas Diehl muß man wie einen fortlaufenden Text lesen. Sie bilden ein in sich geschlossenes Poem, das gleichsam vom Leben selbst geschrieben wurde.

Wir haben es hier mit einem Buch zu tun, das von der Liebe handelt und vom Scheitern menschlicher Beziehungen. Es ist ein Buch, in dem die (Un-) Möglichkeit privates Glück zu erlangen beschrieben wird. Außerdem ist dieses Buch auch eine Art Sendschreiben eines Vertreters der alten Generation an die junge: »Ich behalt' von uns'ren Zeiten einen Teil und misch ihn unter künftige für mich und jene, die so jung in sie hineingeboren.«

Der Dichter versucht, seine Erinnerungen an quälende Erlebnisse des Scheiterns (»Gedanken meiden ihren Weg...«) hinter Wörtern zu verbergen, was man ohne Weiteres als surrealistische Wahrnehmung der realen Geschichte beschreiben kann: »ich tausche dich in meinen Spiegel...« Andreas Diehl schreibt über Vergangenes, das schon nicht mehr zu verändern ist, das er aber dennoch für sich über das dichterische Wort in die Gegenwart zurückholen kann. Er lebt in Deutschland, aber sein Herz irrt im Osten herum: irgendwo in Rußland. Gerade deshalb ist es auch so wichtig, diese auf Deutsch niedergeschriebenen Gedichte in russischer Übersetzung lesen zu können. In seinem Gedicht »Heimkehr aus Moskau« bemerkt der Autor hierzu: »russisches Wort/ich spreche mich traurig«.

Den in diesem Buch veröffentlichten Gedichten ist die Hoffnung auf eine Überwindung des Schmerzes und der Trauer eigen. Bittere Erinnerungen an vergangene Lieben verwandeln sich in eine starke Liebe zum Leben - und das sogar dann, wenn sich das Leben als Täuschung erweist. Wurde von den Dichtern der Klassik »die uns

erhöhende Täuschung« (A. Puschkin) gefordert, so stellt
die Täuschung für den zeitgenössischen Dichter schon
»eine geheimnisvolle Art von gegenseitiger Selbsttäu-
schung« dar...

Man sollte dieses Buch langsam lesen.

Wjatscheslav Kuprijanov

Путь Памяти

Стихи Андреаса Диля, представленные в этой книге,
надо понимать как непрерывный текст, как поэму,
продиктованную судьбой. Эта книга о любви и о
разрыве связей в благополучии человеческого
существования.

О возможности и невозможности личного счастья.
И в то же время это послание от лица одного
поколения к тем, кто обживает новые времена:

Я храню частичку нашего времени
и смешиваю её с грядущим
для себя и для тех,
кто рождён такими молодыми.

Естественно, путь памяти, с ее незатухающими
переживаниями, чреват провалами («Мысли
сбиваются с пути...»), тайнами, которые поэт прячет
за словами, что можно воспринимать как движение
сюрреалистического восприятия над волнами
реальной истории: «я переношу тебя в своё
зеркало...»

Автор пишет о прошлом, которого не изменить, и
возвращает его для себя лично через поэтическое

слово. Он живёт в Германии, но сердце его блуждает на востоке, где-то в России. Поэтому все эти слова, продуманные по-немецки, должны обязательно повториться уже в русском варианте.

В стихотворении «Возвращение из Москвы» Андреас Диль замечает: «русское слово/произношу печально». Но вся эта цепь стихотворений соединяется воедино надеждой на преображение печали, когда память о любви становится неискоренимой любовью к жизни, даже если эта жизнь оборачивается обманом. Если для классического времени востребован «нас возвышающий обман» (А. Пушкин), то для нашего современника он уже представляется «обоюдным тайным самообманом»...

Надо медленно читать эту книгу.

Вячеслав Куприянов

HERBSTREISE MIT SOHN

Oktober,
Wochentage, Wochenende.
Rest des Sommers.
Er und ich:
Urlaub bei den Alten –

Zurück.
Zugabteil.
Wir für uns.
Erinnerung

Er im Schlaf:
Hände, leise –
Traumbeginn.

Ich im Sinnen:
ihre Augen –
meine Augen –
seine Augen.
Regen an der Fensterscheibe
rinnt durch mein Gesicht.

ANFANG

entdeckt
erforscht von den Augen
ertastet in Worten
noch unberührt
die Blitze
der Angst
vor Verlust

ОСЕННЯЯ ПОЕЗДКА С СЫНОМ

Октябрь,
будни, выходные.
Остаток лета.
Он и я:
отпуск у стариков –

обратный путь.
Купе.
Нас двое.
Воспоминание.

Он спит:
руки, тишина –
начало сновиденья.

Я в раздумии:
её глаза –
мои глаза –
его глаза.
Дождь на стекле оконном –
дождь на моём лице.

НАЧАЛО

обнаружен
глазами исследован
словами нащупан
девственно чист
молнии
страха
перед утратой

ZÜGE

Schienen
Straßen
Spuren –
kleines Land
niemals vorher zog mich Sehnen
nach geordnetem Zigeunern
an die freien Fenster deiner Züge.

Wie strebt's zum Mai, Glücksmann – Großvater!
Ich sehe deine Welt.
dein gelber Stern und draußen ist das Lager.
Transport!

Noch eine, die allerletzte Fahrt.
Wie sind wir mutig abgesprungen vom umstachelten
Wagon
in den neuen Sommer
und unsere Kommenden ganz and'rer Art.

Streng hast du mich gekleidet in den Jahreszeiten.
wirklich gefürchtet hast du allzeit nie den Frost.
Zaghaft war dein hintergründ'ges Lächeln,
als ich damals unser'n Mut aus der ersten Zeitung las.
Die Angst vor Lagerhunden verlor sich spät,

da war ich schon erwachsen.
Jeder nahm mit sich ein Stück vom jungen Frieden.

Für mich allein behielt ich
meine Augenblicke an den Schranken.
Lange plant' ich einen Aufsprung.
Es war ein Zug der Zeit.
Vor allen Wegen lag ein Ziel.
Vom fernen Bahnhof kehrt' ich zu dir

ПОЕЗДА

Рельсы
пути
колеи –
маленькая страна
никогда раньше не влекла меня тоска
по кочевой жизни цыганского табора
к распахнутым окнам твоих поездов.

Как стремишься ты к маю, счастливчик-дед!
Я вижу твой мир.
Твою жёлтую звезду и лагерь снаружи.
Перевозка!

Ещё одна, самая последняя поездка.
Как смело мы выпрыгнули из нашего
зарешёченного вагона
в новое лето
и наше грядущее совсем другого рода.

Ты одевал меня строго по временам года.
Но на самом деле ты никогда не боялся мороза.
Робкой была твоя загадочная улыбка,
когда я прочитал о нашем мужестве из первой газеты.
Страх перед лагерными собаками исчез позже,

когда я уже повзрослел.
Каждый взял с собой частичку юного мирного времени.

Я сохранил их для себя –
мои мгновения у барьеров.
Давно замыслил я прыжок.
Это был поезд времени.
Перед всеми путями лежала цель.
С далёкого вокзала я возвратился к тебе

mit der Nachricht noch zurück,
die du zuletzt erwartet, Urgroßvater – Glücksmann!

Ich behalt' von uns'ren Zeiten einen Teil
und misch ihn unter künftige
für mich und jene,
die so jung in sie hineingeboren.
Es wächst ein and'res, nicht erträumtes,
doch ein Fahren in mir;

Schienen
Straßen
Spuren –
kleines Land.
Niemals vorher zog mich Sehnen
nach geordnetem Zigeunern
an die freien Fenster deiner Züge.

с вестью,
которой ты наконец дождался, прадед-счастливчик!

Я храню частичку нашего времени
и смешиваю её с грядущим
для себя и для тех,
кто рождён такими молодыми.
Во мне возрастает другая, не воображаемая –
реальная поездка;

рельсы
пути
колеи –
маленькая страна.
Никогда раньше не влекла меня тоска
по кочевой жизни цыганского табора
к распахнутым окнам твоих поездов.

TRÄUMEN

Mein Träumen ist ein Weiterfahren
all die Gedanken wie sie kommen
aus Wünschen fortgetragen
in die Schwebe
bis ich weiß
ein nächstes Ziel
ein Hoffen
unerfüllt
droht unmerklich
zu vergeh'n.

WARTEN

Warten auf den Sommer.
Wir Kinder bündeln lange Frühlingssonnenstrahlen
durch das Brennglas uns auf die noch helle Haut.

Warten, daß die Beeren reifen.
Nah versiegt der Fluß,
noch aber holen wir Wasser sie zu gießen.

Warten, daß Gefühle wachsen.
Ich such den sieben mal verfehlten Weg des Weisen.
Der sagt mir: Dabei stör sie nicht.

МЕЧТЫ

Мои мечты – продолженье пути
рождаются мысли
уносятся прочь из желаний
в неопределённость
покуда я знаю
следующая цель –
надежда
неисполненная
грозящая исчезнуть
незаметно.

ОЖИДАНИЕ

Ждём лета.
Мы, дети, ловим стёклышком длинные лучи
весеннего солнца на нашу пока светлую кожу.

Ждём, когда созреют ягоды.
Рядом пересыхает речка,
но мы ещё носим воду, чтобы ягоды поливать.

Ждём, когда созреют чувства.
Я ищу путь мудреца, с которого сбивался семь раз.
Мудрец говорит мне: Не торопи их.

DER ANDERE

Der Breitschultrige, gestern,
mit dem Seemannsgang und dem Tiefenblick,
dieser große Junge,
der aus der Beatleszeit nie rauswuchs
und die Kinder des Nachbarn so mag,
für die er ein Idol ist –
er ist ein Anderer.

SONNENKINDER

Von fester Hand
gelassen
gehen sie
die Wege
die sie anders
nicht wußten
der Zeit
verloren
eilen oder
harren sie.

So lauschen sie
dem Ernst und spielen
nach Regeln
die noch nicht erdacht
und bald schon
von uns fern

sie werden dir
begegnet sein

ДРУГОЙ

Широкоплечий, вчера,
с походкой моряка и бездонным взглядом,
этот высокий парень,
так и не выросший из битловских времён
и так любящий соседских детей,
для которых он кумир, –
он просто другой.

ДЕТИ СОЛНЦА

Твёрдой рукой
отпущенные
они идут
путями
которых иначе
не узнали б
потерянные
во времени
спешат или
ожидают.

Они прислушиваются
к чему-то серьёзному и играют
по правилам
ещё не придуманным
и скоро они
удалятся от нас

и повстречаются
тебе

ICH BIN SCHÖN

ich bin jetzt schön
ich weiß es diesen Augenblick
ich trank zuvor den gleichen bitteren Kaffee
und lief dann meine weißen Schuhe leicht
ich war jetzt schön
und hatt' das niemals vorher so beseh'n?

was hätt' ich aus mir machen können
glücklos
in allen meinen Lieben

noch scheint es mir nicht wirklich
probiere ich das Spiel
ein Mädchen lächelt mir
ich trink' den Kaffee aus zur Neige
und spreche sie nicht an
ich bin jetzt schön
ich hab' das niemals vorher so beseh'n?

SÖHNE

Gedanken meiden ihren Weg
in meine Zeit gegeben
sind sie nicht einzuholen
die mein Geleit
ins Vergangene schreiben.

Я КРАСИВЫЙ

теперь я красивый
я знаю это в этот миг
я пил до этого всё тот же горький кофе
потом сбежал легко в своих белых ботинках
я был сейчас красивый
а раньше никогда себе таким не казался?

чего б я мог достичь
несчастный
в каждой своей любви

всё это кажется мне нереальным
я пробую играть
девушка мне улыбается
я выпиваю кофе до дна
и не заговариваю с ней
ведь я теперь красивый
а раньше никогда таким не казался?

СЫНОВЬЯ

Мысли сбиваются с пути
попадают в моё время
их уже не догнать
они вписывают в прошлое
моё напутствие.

GEHEN

Sprache der Träume
verloren in den Straßen
des Tages
dich trägt Leben.
Geh.

1.MAI 88

dieser Mai
Tag im hohen Frühjahr
wir
verpfänden uns're Zeit
leben
Vorgefühl auf Sommer.

GEDICHTE

Worte im Spiel
gebunden ins
Maß lautgewebter Empfindung
Stoffe für dich.

УХОД

Язык мечты
потерян среди улиц
средь бела дня
тебя несёт жизнь.
Иди.

1 МАЯ 1988

этот май
день в разгаре весны
мы
наше время отдаём в залог
живём
предчувствием лета.

СТИХИ

Слова в игре
привязаны
к размеру сотканного из звуков чувства
материя для тебя.

SO WEHRLOS

beraubt
einer leisen Freude
vergeben
will ich
wohin
mich wenden
Wege sie täuschen
und jedes Gesicht
ein verhüllter Verrat.

ERKANNT

als beschriebenen Raum
mir vertraute verlorene Bilder

leb' ich still
euch meine Irrtümer.

WIE VERTRAUEN

wieder üb' ich die Gesichter
das verlierende Suchen in Fremden
ich rüste mich mit Zweifeln
und lehn' mich zurück
in die alte sichere Welt.

ТАК БЕЗЗАЩИТЕН

лишённый
тихой радости
преданный
куда ни повернусь
дороги, что обманывают
и в каждом лице
скрытая измена.

ОСОЗНАННОЕ

кем-то описанное пространство
знакомые мне утраченные картины

я проживаю тихо
вас – мои ошибки.

КАК ДОВЕРЯТЬ

я снова пробую себя в лицах
ищу и теряю на чужбине
вооружаюсь сомнениями
и откидываюсь
в старый надёжный мир.

GEBOREN unter einem Dach von ruhenden Worten
hülle ich mich in die Nähe deiner Gedanken und
verliere Wunden in deinen Bitten für meinen Weg.

WORTE

ich finde Worte
für dich
spreche ich Bilder
bewahre uns
was nicht geschieht
wie aber
ich dich rufe
von meiner Berührung
werden immer
die Klagen
der ungeteilten
Stille
hallen.

VERGEBEN

verlassen
im Strudel tanzt der Leib
getäuscht meine Sinne weben
ein Gespinnst aus Hassen und Klagen
Zeiten tragen in Winkeln vergessen
Vergeben.

РОЖДЁННЫЙ под крышей успокаивающих слов
кутаюсь в близость твоих мыслей
твои напутствия заживляют мне раны.

СЛОВА

я нахожу слова
для тебя
озвучиваю картины
оберегаю нас
от того, что не происходит
но когда
я зову тебя
моё прикосновенье
всегда
рождает
стоны
неразделённой
тишины.

ПРОЩЕНИЕ

покинутое
в водовороте пляшет тело
обманутые, ткут мои чувства
паутину из ненависти и плача
времена несут по закоулкам забытое
прощение.

BLUMEN

bodenlos
fallen die Blüten;
zu Markte getragen
teuer
erkauft
die Zeichen der Liebe.

NAHAUFNAHME
                 Für M.
am Strand,
lang bringst du mir
deine Nacktheit und ich
überlasse mich dem Sommer,
spät finde ich unsere Bilder:

nah deinen Höfen spielen die Kinder.

MARIAS TOD

meine Augen zeichnen Träume
aufmerksamer bricht
dein Lächeln

meine Träume zeichnen Augen
gebändigt neigt sich das Fest in
das stille Zimmer

ЦВЕТЫ

бесконечно
опадают лепестки;
на рынки принесены
дорого куплены
знаки любви.

КРУПНЫЙ ПЛАН

М.

на пляже
ты долго несёшь мне
свою наготу, и я
отдаюсь лету,
поздно нахожу наши фотографии:

вблизи твоих дворов играют дети.

СМЕРТЬ МАРИИ

мои глаза рисуют сны
твоя внимательная улыбка
угасает

мои сны рисуют глаза
умиротворённый праздник
вползает в тихую комнату

HERBST 1989

wir richteten uns ein,
fürsorglich gehegt
unser Unmut,
geduldig
in der Geborgenheit
verfügter Illusionen.
Mit den Fortgegangenen
brachen Wortfelder
um.

HEIMKEHR AUS MOSKAU

russisches Wort
ich spreche mich traurig

zweimal gelebt
ich hab mich verloren.

DEZEMBER 1989

Milder Regentag,
ins Deutsche fällt Geschichte ein.

Ein Land verliert die Vorweihnacht,
die Vorweihnacht verliert ein Land.

Mein halbes Leben ging ich mit euch.
Ewig der Ostseesommer.

die Angst, die Angst
Seit eurem Herbst
bin ich verwandelt, verwandelt.

ОСЕНЬ 1989

мы устроились,
заботливо взлелеяна
наша досада,
терпеливо,
под прикрытием
имевшихся иллюзий.
С ушедшими
распаханы
словесные поля.

ВОЗВРАЩЕНИЕ ИЗ МОСКВЫ

русское слово
произношу печально

прожив две жизни
я потерял себя.

ДЕКАБРЬ 1989

Мягкий дождливый день,
в немецкое вторгается история.

Страна теряет предрождественскую ночь,
предрождественская ночь теряет страну.

Полжизни шёл я с вами.
Вечно балтийское лето.

страх. страх.
После вашей осени
меня словно подменили, словно подменили.

ZUSPRUCH

Immer begannen die Väter jung
und Söhne lernten erlaubte Geschichte.

An unseren Straßen verblassen die Namen.

Ich finde meine Zeilen in der Fremde
nicht ohne die verdrängten Bilder.

UNSER SCHWEIGEN

Wir reden, Sohn.
In deinen ungesagten Worten suche ich Nähe.

Du wächst in meinen Jungenbildern
und Jahre prob' ich das Vergessenwerden.

Ich frage nicht, ob ich dir fehle.

EINMAL FREI

Wie waren wir frei.
Und jetzt sollten wir uns wählen.
Ohnmächtiger war meine Stimme nie.

VERBOTE IM MAI

Ich teile meine Unruhe nicht.
In meinem heimlichen Leben ermüdet
die Phantasie.
Frauen kleiden sich in Glas.
Ich muß den Blick senken.

ОБОДРЕНИЕ

Отцы начинали всегда молодыми,
а сыновья учили дозволенную историю.

На наших улицах тускнеют имена.

Я нахожу на чужбине свои строки
с отторгнутыми памятью картинами.

НАШЕ МОЛЧАНИЕ

Мы беседуем, сын.
В твоих несказанных словах ищу я близости.

Ты растёшь в моих мальчишеских фотографиях,
и я годами учусь забвению.

Я не спрашиваю, скучаешь ли ты по мне.

ВДРУГ СВОБОДНЫ

Как были мы свободны.
А теперь нам надо себя выбирать.
Никогда ещё мой голос не был так бессилен.

ЗАПРЕТЫ В МАЕ

Я не разделяю своей тревоги.
В моей тайной жизни утомляет
фантазия.
Женщины одеваются в стекло.
Я должен потупить взор.

ICH KANN NICHT FLIEHEN

Über die Jahre
hören die Kinder
mein Erinnern.

Haß trifft sie stärker als mich

setzt neue Grenzen hinter meine Wege
wenn ich flieh'.

UNMERKLICH

Im Jahr ohne Frost
überdauert der Herbst
finde ich abseits Alltag
erdrückte Stadt
ich treibe mit Freunden
binde ich mich
einmal in das Frühjahr
los.

ICH BLICK IN EIN GESICHT

das redet meine Wünsche.
ich öffne Türen aus Worten.
Von allen Wänden und dem Laken nehm' ich die Bilder.
In dem Raum leben zwei.

Я НЕ МОГУ УБЕЖАТЬ

Сквозь годы
слышат дети
мои воспоминания.

Ненависть поражает их сильнее, чем меня

отрезает мне путь назад,
когда я убегаю.

НЕЗАМЕТНО

В год без морозов
дольше длится осень
в стороне от будней я нахожу
подавленный город
я брожу с друзьями
я отрываюсь
однажды
в весну.

Я СМОТРЮ В ЛИЦО

оно говорит мои желания.
я открываю двери из слов.
Беру картины со стен и с простыни.
В комнате живут двое.

SOMMERABSCHIED, BULGARIEN 1990

Wer kannte dich schwarz – Meer?
Ich bin ein Weißer unter deiner Sonne.

Schatten atmet das Meer.
Warum fürchte ich im Winter die Strände?

MEIN ZWEITER SOHN

du ziehst
von Vater zu Vater
frage mich

gehör nicht mir
verlier mich nie
ich schreibe
in unser Vergessen

manchmal
fehlt ein erster Sohn

NACHZEIT

Als ich meine Kinderbraut küßte
kein Krieg schützte mehr die
Vergewaltiger
so wehrlos war ich
ängstlich
sehe ich
die ich aus meiner Schuld verbanne
ich lebe von abgeschlossener Stille
vor meiner Liebe her kriecht die Gewalt.

ПРОЩАНИЕ С ЛЕТОМ, БОЛГАРИЯ 1990

Кто знал тебя чёрным – море?
Я белый человек под твоим солнцем.

Море дышит тенями.
Почему я боюсь зимних пляжей?

МОЙ ВТОРОЙ СЫН

Ты кочуешь
от отца к отцу
спроси меня

не принадлежи мне
не теряй меня никогда
я пишу
в наше забытое

иногда
не хватает первого сына

ПОСЛЕВРЕМЕНЬЕ

Когда я целовал свою детскую невесту
ни одна война больше не защищала
насильников
я был так беззащитен
боязливо
вижу я
ту, что изгнал из своей вины
я живу в замкнутом безмолвии
перед моей любовью ползёт насилие.

DAS LAND ZULETZT

Wo besuche ich dein Grab Mutter
meines Vaters
frühe Angst
wir
glauben und verlier'n
unter meinen Astern
Reif
bleicht deinen Stein
und ich erzähle
knöpf' mirs Futter in
den Mantel
Nichtaltern war Vergeh'n
Trauer
jüngt die Narben

Nach Liebe frag' ich
deutscher Bruder
wie fühlst du dich
allein
was überstehst du
wenn du findest
schweigst du anders
deine Nächte

Leere Fähren setzen über
Land
ich fasse
deine Nähe nicht

СТРАНА НАПОСЛЕДОК

Где я найду твою могилу,
мама моего отца
давний страх
мы
верим и теряем
под моими астрами
иней
выбелил могильный камень
а я рассказываю
пристегнув подстёжку
к пальто
запрет на старость снят
скорбь
омолаживает шрамы

Я спрашиваю о любви
немецкий брат
как ты себя чувствуешь
один
что переносишь
когда находишь
ты молчишь иначе
своими ночами

Пустые паромы переправляются
страна,
твоя близость
мне не доступна

MANCHMAL LIEB ICH DICH WIE MICH

manchmal lieb' ich aus dem vollen
verleugne mich den Anderen
ich erfahre dein Verlangen
und wie Liebe dich bescheidet.

ALTE FRAU

in meinen Briefen suchst du
wann ich komme
ruhlos
es bleibt
Zeit
unbeschwert dein Beharren
auf allem, was gut war
alte Frau
und die scheue Katze
unter deinem Fenster abends.

WIE DU MICH ENTHÜLLST

ich kleide dich in offener Lust
und entweihe deine Nacktheit
ich tausche dich in meinen Spiegel
und lasse dich heimlich zu mir.

ES BLEIBT

meinem Mut dein Kraushaar
nicht das schmerzhafte Zagen aus Scham
es bleibt uns're Sorge in Jahren
nicht die eilige Trennung danach.

ПОРОЙ ТЕБЯ ЛЮБЛЮ Я КАК СЕБЯ

порой я люблю через край
отрицаю себя другого
узнаю твоё желание
и как любовь тебя делает скромной.

СТАРАЯ ЖЕНЩИНА

в моих письмах ты ищешь одно
когда я приду
время
остаётся
тревожным
беспечно твоё упорство
во всём, что было хорошего
старая женщина
и пугливая кошка
под окном вечерами.

КАК ТЫ МЕНЯ РАЗОБЛАЧАЕШЬ

я облачаю тебя с откровенным удовольствием
и оскверняю твою наготу
я переношу тебя в своё зеркало
и тайно впускаю к себе.

ОСТАЮТСЯ

моей смелости твои вьющиеся волосы
а не болезненная робость из стыда
остаются на года наши хлопоты
а не поспешная разлука потом.

WER BIN ICH OHNE SÜNDE

schwindende Götter
älter trag' ich meinen späten Bart
ich friere in euren Beschreibungen
und neben euch gehe ich her.

EIN(E) SICHT

Mein Trotz vergeht.
Das Lautere trag' ich ab den Gerechten.
Jetzt schweigen die trostlosen Orden mich an.
Wer soll die Kinder davor behüten,
mit ihnen zu spielen.

WALJA

Vermißte
nur in der Erinnerung kann ich aufhören
dich zu lieben
mir versagtes Russland, du,
hätte ich jemals so begehrt.

STUNDENWERT

Die Gelegenheiten weichen wieder
dem Tag
du
in der Zeitenfremde
unerwartet
sollst du bleiben
unsere Nähe nicht
bewohnt

КТО Я БЕЗ ГРЕХА

исчезающие боги
став старше, я обзавёлся поздней бородой
я замерзаю в ваших описаниях
и иду рядом с вами.

ВЗГЛЯД

Моё упрямство проходит.
Искренность я предпочитаю справедливости.
Теперь на меня молча взирают унылые ордена.
Кто должен уберечь детей
от игры с ними.

ВАЛЯ

Утраченная
лишь в воспоминании могу я перестать
тебя любить
ты, отказавшая мне Россия
если б так сильно хоть раз я желал.

ЦЕНА ВРЕМЕНИ

Удобный случай снова уступает место
дню
ты
на чужбине времени
ты должна оставаться
неожиданной
наша близость
не обжита

INZEIT

in diesem brachen, stummen Land
finden mich die Ächter meiner Lust
ich komme die Nachhausewege nicht
und vorsorglich nehme ich die Blicke
von den Besiegten aus letzten Kinderlesetagen
sucht mich Ihr Liebsten auf diesem Weg
von hier zu hier

NACH DIR WERDE ICH NICHT ALTERN

trifft mich der Morgen ohne deine müde Haut
an soviel Bleiben binde ich diesen Abschied
ich kann ihn nicht teilen

IN MEINE STILLE WUNDE

soll der Sand nicht weh'n
ich lebe weg von dir
im Fenster verliere ich die Kastanie
und über dem Fluß ihren Schatten

ABEND DER ZEITUNGSBOTEN

auf Bahnstationen der Not:
ich teile meine Groschen nicht
im Gegenlicht niedergelegter Träume
erwarte ich dich am vorgestrigen Kino
mit den Boten, den einst
begabtesten Statisten.

ВОВРЕМЕНЬЕ

на этой мёртвой, безмолвной земле
находят меня гонители моего наслаждения
я не приду домой проторенным путём
я предусмотрительно ловлю взгляды
поверженных героев из последних детских книг
ищите меня, родные, на этом пути
отсюда сюда

ПОСЛЕ ТЕБЯ Я НЕ БУДУ СТАРЕТЬ

утро встретит меня без твоей утомлённой кожи
со столькими «остаться» свяжу я это «прощай»
не могу его разделить

В МОЮ БЕЗМОЛВНУЮ РАНУ

пускай не веет песок
я живу от тебя прочь
теряю в окне каштан
и над рекой его тень

ВЕЧЕР РАЗНОСЧИКОВ ГАЗЕТ

на станциях нужды:
я не делю свои гроши
в отраженьи низложенных грёз
дожидаюсь тебя у позавчерашнего кино
с разносчиками, когда-то
одарённейшими статистами.

EINSAMER

deine ungesagten Worte schrecken mich
sprich nicht
ich friere von fremder Nähe
schließ die Tür vor meiner Hand
meine Fenster wirst du schutzlos finden
im letzten belagerten Haus

ICH ÜBERLEBE IN

den stillen Worten
in mir bleibe ich
Anderen
vor Nacht
erwartest du mich
noch immer
und bist mir Tagende
an einem Anfang
ich werde lange nicht wissen wofür.

NIMM VON MEINEM SCHLAF AM MORGEN
Für M.
werd' ich lange wach sein ohne dich
den späten Tag nicht lieben.
Glauben zieht die Linien
meiner ungeles'nen Hand
zu deiner Stille möchte ich
den weiten Weg nicht nehmen.

ОДИНОКИЙ

твои несказанные слова пугают меня
не говори
я зябну от чужой близости
захлопни дверь передо мной
ты найдёшь беззащитными мои окна
в последнем осаждённом доме

Я ВЫЖИВАЮ

в тихих словах
в себе остаюсь
другим
в преддверие ночи
ты всё ещё ждешь
меня
ты конец моего дня
в начале
я долго не узнаю, зачем.

ВОЗЬМИ НЕМНОГО ОТ МОЕГО СНА ПОУТРУ
М.

без тебя я буду долго без сна
и буду не любить остаток дня.
Вера чертит линии
на моей непрочтённой ладони
я не хотел бы
долгого пути к твоему молчанию.

DU WIRST NUR

seine Nächte fortbleiben
noch kerbt der Abend Angst nach dir
den letzten Wein und
alle Sprache wird
nicht laut
vor unser'm späten Schlaf

HEIMGEKEHRTE

nimm mich in dein abendliches Bad
willst du dich von ihm entkleiden
deine bloße Haut
wird er gefunden haben
wie ich sie ihm ließ.

ICH BEZAHLE MEINE LIEBE IN DER STADT

die alten Stege werden gekauft
gelbe Falter zeige ich dir
in den Wiesen
fange ich dich nicht mehr

DANACH

möchte ich nicht mehr ohne ihn
neben dir sein
immer kleidet er dich
für mich aus
und du triffst mich überall an dir
in den Filmen meiner grellen Bahnhofsnächte
näher als nach ihm bist du mir nie

ТЕБЯ НЕ БУДЕТ

только в его ночах
вечер ещё оставляет зарубки страха за тебя
последнее вино
и разговоры тише
перед нашим поздним сном

ВЕРНУВШАЯСЯ ДОМОЙ

возьми меня вечером в ванну
ты хочешь очиститься от него
нагую кожу твою
найдёт он такой
какой я оставил ему.

Я ПЛАЧУ ЗА ЛЮБОВЬ В ГОРОДЕ

старые мостки куплены
я покажу тебе жёлтых мотыльков
на лужайках
я в тебя больше не влюбляюсь

ПОСЛЕ

я больше не хочу быть без него
возле тебя
он всегда раздевает тебя
для меня
и ты повсюду встречаешь меня на себе
в фильмах моих пронзительных вокзальных ночей
ближе, чем после него, ты не бываешь мне никогда

WENN DIE GESICHTER IN DEN REGEN WECHSELN

und du mich aus getöntem Glas aufhebst
wenn leise Stimmen ich aus Briefen breche
und du mich von dem fremden Maler löst
trägst du abendliches Weiß
ins aufgeschlossene Zimmer
verlasse ich den Sänger auf dem leeren Platz.

IM KREIS

schließt du dem Abend die Tür
in deinen fallengelassenen Kleidern liegt der Tag
hier wiederhole ich dich leise

im Bahnhofscafé zahlt das Nachbarpärchen
und auf dem letzten Bahnsteig
nimmt ein fremder Mann
dem Mann der Frau den Blick

LACHE

bring mir deinen Verlust
ich übermale die Tage der Probe
für deine Spiele findest du mich im Meer
dessen Sommer dich verläßt mit meinen Freunden
ich lege ihn zu deinen Kleidern

КОГДА ЛИЦА РАСТВОРЯЮТСЯ В ДОЖДЕ

и ты вынимаешь меня из затемнённого стекла
когда я извлекаю из писем тихие голоса
и ты освобождаешь меня от чужого художника
ты вносишь вечернюю белизну
в распахнутую комнату
я покидаю певца на пустой площади.

В КРУГУ

ты закрываешь вечеру дверь
в твоих сброшенных платьях лежит день
здесь я тихо тебя повторяю

в вокзальном кафе расплачивается парочка
и на последнем перроне
чужой мужчина лишает жизни
мужчину этой женщины

СМЕЙСЯ

X.

неси мне свою утрату
я раскрашу заново дни испытаний
для своих игр ты найдёшь меня в море
чьё лето покинуло тебя вместе с моими друзьями
я кладу его к твоим платьям

ICH MÖCHTE OHNE ABSCHIED SEIN

dein Kind kann über meine Treppe kommen
ich binde nicht das Bett an deiner Seite

mein Sohn kann nicht zu meinen Worten finden
mich bringen sie zu dir

IN DEINEN SCHRITTEN

höre ich mich unverletzt
ich bin so leise geworden
flüstere an meine Fenster

Tanze
im weißen kurzen Rock
den ich dir gab

IN MEINE STRASSE FÄLLT

noch immer
der Abend nach dir
begegne mir am Sanduhrstrand
in deinen Wintern blieb ich

überschrieb'ne Jahre
solange Ringe wechseln
ich und du

ich falte Blätter über spröde Haut
die Risse in dem Stundenschatten
der sich schmerzlos auf uns legt

Я НЕ ХОТЕЛ БЫ ПРОЩАТЬСЯ

пусть твой ребёнок переступит мой порог
я не заправляю постель с твоей стороны

мой сын не может постичь моих слов
они ведут меня к тебе

В ТВОИХ ШАГАХ

я чувствую себя неуязвимым
я стал таким тихим
шепчу под окнами

Станцуй
в белой короткой юбке
что я подарил

НА МОЮ УЛИЦУ ОПУСКАЕТСЯ

всё ещё
вечер после тебя
встреться мне на пляже песочных часов
я остался в твоих зимах

переписанные годы
пока меняем кольца
я и ты

я складываю листы над хрупкой кожей
трещины в тени часов
легко ложащейся на нас

FÜR J.

Hebe deine Brüste mir an dein weißes Hemd
du junge Schwester meiner geschiedenen Frau'n
ich möchte oft noch
dich erfahren
aber immer bleibe ich scheu

ICH HABE MICH IMMER
im Osten gesucht Liebste
bleib
halte die bloßen Steine von mir

wolltest du mich verbergen
im Soldatengrün der nächtlichen Züge
dorthin
lasse ich dich aus meinem Gedächtnis
dem Kind in seltsamen Antworten

so wie ich immer
von den Söhnen kommen
möchte ich dich wiederfinden

Ж.

Упрись высокой грудью в белую рубашку
ты юная сестра моих разведённых жён
я хотел бы ещё не раз
познать тебя
но всегда останавливает робость

Я ВСЕГДА ИСКАЛ СЕБЯ
на Востоке, любимая
останься
спаси меня от побивания камнями

ты хотела бы спрятать меня
в солдатской зелени ночных поездов
туда
я позволяю тебе уйти из моей памяти
к ребёнку в странных ответах

таким, каким я
иду от сыновей
я хотел бы к тебе приходить

DAS AUFDICHWARTEN WIRD

mir vertraut bleiben
ich hatte zuletzt deine Worte
im voraus gesucht
und habe für mich doch
nicht mehr werben können

wie aber soll ich aus
deinem Schlaf zurückkehren
an manchem Tag werde ich dich
nie gekannt haben
hörst du meine traurige Zeit kam
nicht mit dir
                    Für Jens

DEIN ERSTES GEHEIMNIS TRÄGST DU

zu mir wieder
zwischen jungen Straßenbäumen in einem April
sommerüberrascht
ich gehorche
deinem staubenden Lärm und
niemand ebnet Zeichen
aus unseren Wänden und Worten
die warten

FANG MEINE PHANTASIE

an den Rändern deiner Geschichte
von dir unbemerkt
möchte ich sein neben dir
was läßt du mich sehen
bis du mich entdeckst

ОЖИДАНИЕ ТЕБЯ

стало мне привычным
в конце твои слова
я пытался угадать заранее
и всё же не мог больше
тебя собой увлечь

но как же мне
вернуться из твоего сна
порой мне кажется
что я тебя никогда не знал
ты слышишь: время моей печали
пришло не с тобой

                       Й.

СВОЮ ПЕРВУЮ ТАЙНУ ТЫ СНОВА

несёшь мне в апреле
среди юных деревьев
ошарашенный летом
я покоряюсь
твоему пылящему шуму
и никому не сгладить знаков
из наших стен и слов
которые ждут

ЛОВИ МОЮ ФАНТАЗИЮ

на границах твоей истории
незамеченный тобой
я хотел бы быть возле тебя
что дашь ты мне увидеть
пока меня не обнаружишь

DU HAST MICH MIT MEINEM MAL

angenommen
verzeih
wir sollten uns die Brücken in den November
teilen
dahinter höre ich noch weit
Rufen
geh hinein
so bloß
soll keiner dich haben

BALD GEHE ICH ALLEIN ZUR SIEDLUNG, MUTTER

aus unseren scheuen Händen legst du die Jahre
zu dir und ohne Kuß bis an den Bogen
führst du mich lange noch den Weg hinunter
Warum Liebste war am Morgen zwischen uns das Tor
so hoch und du kamst von ihm
Ich möchte reich sein diesmal
in der Siedlung aber
gebe ich wieder etwas früh Vergangenes
mit dir fort

ТЫ С МОИМ ОБРУЧАЛЬНЫМ КОЛЬЦОМ

приняла меня
прости
мосты в ноябрь
нам поделить бы
далеко позади
я ещё слышу крики
войди внутрь
такой нагой
никто не должен тобою обладать

СКОРО ОДИН Я В ПОСЁЛОК ПОЙДУ, МАМА

из наших пугливых ладоней ты берёшь годы
себе и без поцелуя до поворота
долго ведёшь меня вниз по дороге
Почему, любимая, ворота утром между нами
были так высоки и ты пришла от него
в этот раз хотелось быть богатым
но в посёлке
что-то рано прошедшее
я вновь отдаю с тобой

NOVEMBER

Liebste
wenn wir uns treffen
manchmal bemerkst du mich nicht
im dritten Laub
du kommst spät
ich sollte dich nicht loslassen
am Rand der Rückfahrten
aber ich bin vor dir gegangen
wie die Monate von den Zweigen.

BITTE
                    An U.
Könntet ihr euren Körpern wieder
Wärme geben
unter alten Monden
noch einmal fliehen
wie Seelen
nein
und nie wolltest du
tauschen
ins Obdachlose

zerbrach dein fremder Schrei
vielleicht
im ersten Frost
und so verwundert warst du
immer
hinterm Trödelmarkt der
unverlorenen Sprache

НОЯБРЬ

Любимая
когда мы встречаемся
порой ты не замечаешь меня
среди ноябрьской листвы
ты приходишь поздно
я не должен был тебя отпускать
на обочине обратных дорог
но я сам ушёл от тебя
как месяцы от ветвей

ПРОСЬБА

У.

Могли бы вы снова ваши тела
согреть
под старой луной
ещё раз сбежать
словно души
нет
и никогда не захотела бы ты
поменяться
с бесприютными

твой чужой крик разбился
быть может
при первом морозе
тебя так удивляла
всегда
толчея
неутраченного языка

FÜR IRENE

Zwanzig und
immer wieder
noch zwanzig Jahre

Chto takoe, ja na Zapade. Ja tam, no eto ne to mesto, gde
ja rodilsjya, a na Vostoke, tak eto togda nasyvalos.(1) Ich
bin im Osten geboren. Im deutschen Osten. Zeit verän-
dert, Wurzeln, einmal Halt, haften, wollen bleiben. So wie
ich immer von den Söhnen komme, möchte ich dich wie-
derfinden, Walja maja,(2) östlicher – du solltest mich ver-
bergen im Soldatengrün der nächtlichen Züge, – dorthin
lasse ich dich aus meinem Gedächtnis dem Kind in selt-
samen Antworten. Ich habe mich immer im Osten ge-
sucht und die Mütter, rasseijannych po stolizam, a ja iskal
ich po bolnizam. Takoj byl dozhd.(3) Regen an den Fen-
sterscheiben rinnt durch mein gesicht, w rodnom gorode,
w berline ja, i neoshidanno – pochuwstwowal s moim
umom slutschitsya wsjo moschet. Ja by dolschen byl sojiti
s uma dawno. Vom Streß, anglichane mne govoryat.(4)
Warum habe ich geliebt und soviel Trauer zugelassen.
Ich
    habe mich ganz spät erst gefragt, hast du von mir wirk-
lich gewollt, was du lange geschehen ließest mit dir, un-
ser nächtliches Versagen, das mit Großmutter Maria's
Schritten, bis nach Mitternacht klappende Türen, Küche-
Korridor-jetzt endlich Maria's Zimmer, dann wieder her
und immer wieder hin, wie dein Atem stockend, dich
schlug. Großmutter werujuschtcheji byla, no potschemu
to, otchen podosritelhnoj(5), sie wollte mich für dich nicht
freigeben. Frauen in unserer Nähe vertrug sie nicht oder
nur schwer. Aber dafür mußte ich mich nicht von ihr lö-
sen. Die ganze Gewalt der Frau habe ich erst bei dir an-
genommen. Du hast ihr nicht entsprochen, aber nach dir
hat noch viele Jahre danach selbst der Tod, Maria's Tod,

ИРЕНЕ

Двадцать и
снова и снова
ещё двадцать лет

Что такое, я на Западе. Я там, но это не то место, где я
родился, а на Востоке, так это тогда называлось. Я
родился на Востоке. На немецком Востоке. Время
меняется, корни, но однажды останавливаемся,
прилипаем памятью, хотим остаться. Таким, каким я
иду от сыновей, я хотел бы к тебе приходить, Валя моя,
восточнее – ты хотела бы меня спрятать в солдатской
зелени ночных поездов, – туда я позволяю тебе уйти
из моей памяти к ребёнку в странных ответах. Я всегда
искал на Востоке себя и матерей, рассеянных по
столицам, а я искал их по больницам. Такой был дождь.
Дождь на стекле оконном – дождь на моём лице, в
родном городе, в Берлине, и неожиданно – я
почувствовал, что с моим умом может случиться всё
что угодно.
Я
    должен был давно сойти с ума. От стресса, как
говорят англичане. Почему я любил и допустил столько
горя. Я слишком поздно спросил себя, действительно
ли ты хотела от меня того, чему позволила произойти;
наши ночные неудачи, эти шаги бабушки Марии к
незакрытым после полуночи дверям через кухню,
коридор и наконец в свою комнату, потом опять туда и
снова сюда; твоё дыхание замирало и сердце
колотилось. Бабушка была верующей, но почему-то
очень подозрительной, она не хотела отдавать меня
тебе. Женщин поблизости она не переносила или
терпела с большим трудом. Поэтому я должен бы был
легко оторваться от неё. Всю полноту женской силы я
почувствовал лишь с тобой. Ты не отвечала бабуш-
киным требованиям, но после тебя ещё много лет

mir Großmutter und Mutter nicht nehmen können: »Träume weilen über/meinen Augen/aufmerksamer bricht/ dein Lächeln aus/ unseren Augen/das Fest/gebändigt es/ neigt sich/und bleibt« Das Unglück, dich nicht vergessen zu können, war damals noch stärker. Ich wollte, Großmutter könnte dir verzeihen, so wie ich, schneller jetzt, ich beginne auch Flucht vor mir anzunehmen. Du erinnerst mich an etwas und ich finde es wieder über dich und wieder Gleiches. Mutter, ich fange an, den Frost nicht mehr zu behalten durch das auch an diesem Januarmorgen weit geöffnete Fenster, auf dem Wickeltisch nackend vor dir, zum Windeln lag ich, sagt Maria, du konntest es nicht zu Ende bringen. Ich war dir entrückt, und immer seither, auf dem gerade erst dir vertrauten Weg vom Traurigsein zum darüber Vergessen. Blaugefroren. Und du, Mutter, als Großmutter mich dir sanft entzieht. Du wolltest es mir erklären, manchmal, es kam mir nicht in den Sinn und ich hätte damals auch nicht gefragt, warum also muß ich schreiben, damit dir jetzt wieder drohen, wann hat es begonnen. Der Spalt durch Euch und der durch dich selbst, zwischen uns, wann. Du hast ihn mit dir so schwer getragen, in dir hast du ihn nur empfinden, niemals je begreifen wollen. Ich war sechs und dein König von Ungarn. Und ich wurde 24, ich sollte das erste Mal der von dir immer auch Anderen nun nah ebenso verwandt sein, mir Schwester vielleicht zu spät, der dir nicht in der Zeit geborenen. Mitten aus deinen Gedanken, Auserwählte seitdem, fortan immer gleichsam neben mir, hinabgetragen, weiter aber, hattest du dich nocheinmal in dich selbst begeben. In dir war noch kein Halt für Glück. Du hast dich so ganz anders finden müssen, dann, wenn du auch bliebst danach noch du, du wurdest glücklich erst nach ihr, von nun an immer, niemand jemals hat dich fester gehalten. Ich weiß, wie es immer öfter bei der Andern dir gefiel und bald ließen wir dich meist allein, sie traf dich ja, davor noch hatten wir dich manchmal suchen müssen, an-

спустя даже сама смерть, смерть Марии, не могла отнять у меня бабушку и мать: «Сны зависают/над моими глазами/твоя внимательная улыбка/уходит/из наших глаз/умиротворённый праздник/вползает/и остаётся.» Несчастье – не мочь тебя забыть – было тогда ещё сильнее. Я хотел бы, чтобы бабушка теперь смогла быстрее тебя простить, ведь и я тоже начинаю оправдывать твоё бегство от меня. Ты чем-то напоминаешь меня, и это что-то от тебя я нахожу в себе, что-то похожее. Мама, я начинаю замерзать у распахнутого и в это январское утро окна, я лежу перед тобой голый на пеленальном столике, ты должна была меня запеленать, говорит Мария, но никак не могла закончить. Я ускользал от тебя, как и всегда с тех пор, на этом лишь тебе хорошо знакомом пути от печали к полному забвению. Я до посинения замёрз. И ты тоже, мама, когда тебя бабушка мягко лишила меня. Порой ты хотела мне это объяснить, но это не укладывалось у меня в голове, а потом я тоже так и не спросил... почему же я должен писать, тем самым теперь опять угрожая тебе... когда это началось... Трещина между Вами и трещина в тебе самой, трещина между нами – когда? Ты переносила её так тяжело, ты только чувствовала её в себе, но никогда не хотела постичь. Мне было шесть и я был твоим «венгерским королём». Мне стало 24, я впервые должен был быть близким родственником той другой, всегда отличной от тебя, быть может, моей запоздалой сестры, вовремя не рождённой тобой. Из глубины своих мыслей с той поры избранная, всегда впредь рядом со мной как бы пребывающая, хотя и унесённая далеко, ты ещё раз отправилась сама в себя. В тебе не было пока места для счастья. Ты должна была ощущать себя совершенно иначе даже тогда, когда после всего осталась самой собой, впервые счастливой – теперь уже навсегда – ты стала только после неё, никто и никогда не держал тебя крепче. Я знаю, как всё чаще тебе нравилось у другой, и вскоре мы оставляли тебя

fangs, bis wir dann wußten, wo du am liebsten mit ihr allein nur würdest sprechen wollen. Musik war gut, am schönsten aber muß eure Zeit, muß es für euch von Stund an vorbei an allen Spiegeln im Haus gewesen sein, du konntest ihr dort immer so sonderbar zulachen, fast abwesend dann, bis du sie ganz fest gekannt hattest, und später bald ohne Mühe, du solltest sie überall erkennen. Wenn ich mich daran erinnere, mehr und mehr, das immer Unfaßbare aus deiner Nähe, ja es schwindet. Zeit hätte bleiben sollen, uns aneinander für lange zu gewöhnen - Nun will auch ich, so, wie zuvor du selbst, vertauscht mit dir, zugleich die Andere tagewährend bleiben konntest, will an solchem Anfang ich von ihr zu dir, Mutter, erst genommen worden sein. Ich habe begonnen, Regen zu suchen, und sie, und ein anderes Mal , als ich von ihr schon kam, hab ich plötzlich meiner ersten Schwester, deinem Kinderwunsch, mich Bruder, den Zwilling, nicht länger vermißt. So aber bin ich wirklich in deinem Gespaltensein geboren, am Ende wie du damals erst für sie, Irene, was jetzt sollte deutlicher noch sein für mein Irren so spät scheinbar wieder zu dir. Du gingst noch in dem Jahr und ich habe etwas mitgenommen davon, was du immer für uns empfunden haben mußtest seit ihr. Du konntest damals bei uns nicht mehr und anders kaum wo noch einmal wieder zu Hause sein. Und sie.

(1)   Was heißt, ich bin im Westen. Ich bin. Aber nicht dort, wo dann, bin ich geboren, im Osten, hieß es damals.

(2)   Walja, Liebste.

(3)   in die Hauptstädte verstreut, ich aber, habe sie gesucht in allen Krankenhäusern. Was für ein Regen das war, damals.

(4)   in der heimatlichen Stadt, in Berlin, und ich begreife, daß alles mögliche mit meinem Verstand geschehen kann ich hätte schon lange verrückt werden müssen, vom Streß, sagen die Engländer.

(5)   Gläubige, aber im Grunde Zweifelnde

по большей части одну, она ведь встречала тебя; поначалу нам ещё иногда приходилось искать тебя, пока мы наконец не узнали, где охотнее всего ты хотела бы говорить с ней наедине. Музыка была хороша, но прекраснее всего должно было быть ваше время, с того самого вашего часа мимо всех зеркал в доме, ты могла там так странно улыбаться ей, почти отсутствуя потом, пока не узнала её очень хорошо, а потом уже без всякого труда ты узнавала её повсюду. Когда я вспоминаю об этом больше и больше, то всё непостижимое в твоей близости исчезает, да. Нам должно хватить времени, чтобы надолго привыкнуть друг к другу, – теперь я тоже хочу так, как раньше ты сама, поменяться с тобой и на протяжении дней одновременно оставаться другим, хочу в таком же начале быть взятым от неё снова к тебе, мама. Я начал искать дождь, и её, и однажды, в другой раз, когда я уже возвратился от неё, мне вдруг перестало не хватать моей первой сестры, ребёнка, которого ты желала , моего брата-близнеца. Я ведь и в самом деле был рождён в твоей раздвоенности, в конце, когда ты, Ирена, была лишь для неё, и это проясняет, хотя и так поздно, мои заблуждения о тебе. Ты ушла ещё в том году, а я взял кое-что от того, что ты должна была чувствовать с нами со времени появления её. Ты тогда уже не могла больше у нас или где-то ещё чувствовать себя дома. И она тоже.

DEZEMBER (IM GEDENKEN AN ULLA)

meine Worte fielen auf dich herab
wie Steine über gefrorenem Schnee
du hast mich nicht gehen lassen
ascheweiß im achten Jahr
wir betteln und
niemand glaubt uns

M.

So lange habe ich
genommen von deiner Unruhe
zahm und gefangener nie
hast du
vor mir geweint

ich hätte etwas
gegen dich tun müssen
als ich mich verlassen wollte

Unstet noch
ist es das Jahr und
wieder jetzt
nicht du
wie einmal schon ich
am Morgen und ohne
dein Kind

ДЕКАБРЬ   (ПАМЯТИ УЛЛЫ)

мои слова падали на тебя
как камни на промёрзший снег
ты не отпустила меня
пепельно-серая на восьмом году
мы просим милостыню
но никто не верит нам

М.

Как долго черпал я
из беспокойства твоего
так смиренно и безропотно
ты
никогда не плакала при мне

я должен был бы
сделать что-то вопреки тебе
когда хотел сбежать от самого себя

Какой непостоянный
этот год
и вот опять
не ты
как уже однажды
утро и я
без твоего ребёнка

ICH WEIß KEINEN ANDEREN – ABSCHIED
Für A.

Manchmal werde ich
stehenbleiben an Uhren
du hast es lange sagen wollen
aber
ich erinnere mich an
keine Sprache mehr
die deiner ähnlich war
brach lag das Geheimnis
die Leere
Worte hindurch
verborgen wieder

aufgebrochen in uns
ich kann mich verwandeln
aus dem Abend
nicht fort
mein Fragen
wie weiß
geblieben und
wie wir schwiegen
voreinander
allein
andernorts.

Я НЕ ЗНАЮ НИКОГО ДРУГОГО
А.

Прощание

Иногда я буду
останавливаться перед часами
ты давно хотел это сказать
но
я не помню больше
ни одного другого языка
похожего на твой
нераскрытой осталась тайна
пустота
слова
сокрытые в нас
снова прорываются
я могу превратиться
из вечера
не исчезая
мои вопросы
каким седым
остался я
как мы молчали
друг перед другом
одни
в ином месте.

FRÜHHERBST UNS

jetzt stimm dich ein
verhalt nicht deinen Gang
zähl nach
verflochtnes Rauschen
nicht standlos
wieder Natur
erwarte sie
vom Reifsten deiner Brüder

DEIN GARTENGELBER SOMMER WAR

des einzelnen Band
das Jahr
mir möchte die Stimme
brechen

Wechselwind du
war genommen dir
trage ab meines Anderen Ich
solang' noch immer
du dich legst
zu meinem Schweigen

FÜR W.

Ich würde uns
lange
wollen
aneinander
schuldig
deines
Übrigseins

РАННЯЯ ОСЕНЬ

теперь настройся
не замедляй шагов
пересчитай
сплетённые шумы
не стой на месте
будь как природа
и жди Её
от спелости времён

ТВОЁ ЛЕТО С ЖЁЛТЫМИ САДАМИ

связывало одиноких
тот год
мой голос
срывается

Ты переменчивый ветер
я унесён тобой
возьми и моё второе я
пока ты всё ещё
ложишься
подле моего молчания

В.

Я хотел бы
как можно дольше
нас
друг возле друга
моя вина
в том, что ты
лишняя

GRÜN
fällt ein
und
wieder
bettest du
deinen Wunsch
gegen die
Zeit

Ausgewiesen ins
heute
noch
falte ich
Worte und
widme sie
überkommenem du

ANDERS

sind Namen
geworden und
wir
wann
will ich wieder
dir lauschen
wie ins letzte
Gespräch

ЗЕЛЕНЬ
обрушивается
и
твоё желание
снова
стремится
против
времени

Высланный
в день сегодняшний
ещё
я складываю
слова и
посвящаю их
твоему наследнику

ДРУГИМИ

стали имена
и
мы
когда
я захочу тебе опять
внимать
как будто этот разговор
последний

DER WEG

schmal
meinem Tag entlang
lagert Schatten
und
bleibt
Schwüle wieder
zwölf mal
über deinem Jahr

FREMDE JAHRE

Für Jenny

ich gehe zu dir
nicht aus
ohne Scheu
wie damals
in zwei Sommern
ich irre und im
Fortgehen nur
dir bleibe ich

FÜR BORJANA

Mit dir wird
Sprache
heimlich
Worte brechen
wie uns're Stimmen
an die Weite sich
verlier'n.

ПУТЬ

вдоль моего дня
скудная
тень
и
остаётся
снова духота
двенадцать раз
в твоём году

ЧУЖИЕ ГОДЫ

Дженни

я выхожу
к тебе
робея
как в те
два лета
я блуждаю
и в моём уходе
остаюсь тебе

БОРЯНЕ

С тобой
язык
становится тайным
ломаются слова
как наши голоса
теряются.
в дали

MARIA, LIEBSTE DU

hast Angst ich könnte mich
zurücknehmen doch
will ich es nie
niemals wieder
lieb´ ich dich mehr
bodenloser
erfahre ich Gleiches von Dir
so viel weißt Du
über mich und
mein anderes Ich
dem ich manchmal
lausche schon früh
wie du verletzt
wirst Du lange dann
alle gemeinsame Zeit kann es werden
Dir benutzt vorkommen
nicht davon ob ich mich trenne
von meinen späten Beziehungen
noch einmal löse
ich Dir Lautes schreibe
seltener für Dich atme
und wir beide voreinander
längst Schweigen
über Anne
wie immer mehr
sie uns begleitet
in den Versuch unserer Welt
spelzige Hoffnung
vielleicht Maria
nimmst Du
was mich quält
mit dir fort
für immer
wir zwei

МАРИЯ, ЛЮБИМАЯ, ТЫ

боишься, что я мог бы
забрать самого себя
но я ведь не хочу этого
и никогда впредь
не полюблю тебя сильнее
и бездоннее
узнать бы о Тебе столько же
сколь много знаешь Ты
обо мне
и моём втором Я
которое я
рано слышу
как Ты оскорблена
и долго будешь чувствовать себя
использованной
во всё то время, что мы были вместе
не оттого ли я расстаюсь
с моими поздними связями
ещё раз рву их
я пишу Тебе громко
реже дышу для Тебя
и мы давно молчим
друг с другом
об Анне
как она всё чаще
сопровождает нас
в возможность нашего мира
мякинная надежда
Мария, может быть
Ты унесёшь
с собою
то, что мучает меня
навечно
мы вдвоём

mit eben verheilten Händen
verbrennen uns noch einmal
an der Erinnerung

FÜR S.

Den du schon einmal
verlassen hast
du
wirst ihn nicht erfahren und
ich
konnte schreien so nah
wieder
sollst du zu früh
verletzt werden
dafür
musstest du geboren sein in
dem Jahr als ich
die längste Zeit
verwirrt war
noch
könntest du zuerst
die Fäden verbrennen wenn
der Reigen dich aufnimmt
jetzt doch und
du
hörst nicht mehr auf
mich und soll
ich
nach einer Sprache
seit dir
nicht nochmals
warten

и только что зажившие ладони
вновь обожгутся
о воспоминанье

С.

Того, кого однажды
оставила,
впредь
не услышишь
ты была так близка
что я мог бы кричать
когда бы ты так рано
была б оскорблена
должна бы ты родиться
в тот год
когда я всё дольше
был не в себе
ты первая могла бы
порвать меж нами нити
если эта круговерть унесёт тебя сейчас
ты же больше не прислушаешься
ко мне
и после понимания
обретённого с тобой
не должен ли я
ещё раз чего-то ждать

ZU HAUSE DU

In mir könnt Heimat sein
von dir ein Teil
und dir
wer
dich noch dich nicht
für sich hat
er
findet nirgends
nennt vergebens
seine

WEGWAAGE VON S.

Was es auch ist
es
wird immer von mir
schwer und
herauf kein Maß
wiegt
dein sein
vielleicht
hast du
Geduld

ДОМА ТЫ

во мне могла бы родина
быть частью от тебя
и от тебя
кто
тебя и тебя для себя не имеет
тот
нигде не найдёт и не сможет назвать
свою родину

ВЕСЫ ДОРОГ С С.

Что бы ни было
всегда будет
трудно
со мной
нет мерила
моей к тебе
принадлежности
возможно
ты будешь терпелива

MARIA IN M.

Seit ich so vielmal M. in mir weiß
M. –
ist einzig und
doch ist in allem
M. und nichts ist ohne
Maria
war schon erfroren
jed' Letzten
das Kind
ihr
kaure ich
näher
dein Leib
nicht genug und
die Stunde
du
hattest verloren
wie Schreiben die Male
noch beiden danach
wenn du mir bleibst
in alle meine Spiegel
weggegangen
nie
mehr
seltner jemals
immer dir

МАРИЯ В М.

С тех пор, как я знаю в себе много М.,
М. –
единственная
и М. во всём
и нет ничего
без Марии
давно замёрз
каждый последний
твой
ребёнок
я сажусь на корточки
возле твоего тела
этого недостаточно
и время
потеряно
тобой
как письма отметины
после нас двоих
если бы ты могла остаться
ушедшая во все мои зеркала
всё реже и реже
и больше
никогда

P.S. UTOPIE UND MARKT LYRISCH

Das erste Mal lese ich eine moralische Forderung Kant's, seine Maxime des Willens: »Handle so, daß sie jederzeit ... als Prinzip einer allgemeinen Gesetzgebung gelten könne«, und ich finde Spaß an der Behauptung: Unsere wirklichen, wirklich unsere Bedürfnisse erlauben einen Markt und den Marktwillen für Wirkliches, wobei hier schon eigentlich nur über den Tausch von (Satz)-Objekt und Subjekt sich richtige Zufriedenheit erst herstellt, dann nämlich, wenn erst ein Markt für Wirkliches und dazu der Wille auf unsere ursprünglichen Bedürfnisse zielen werden und somit erlauben, sie, in Folge, wie auch immer teurer, hier zwar überflüssig scheinender, jedoch, gerade dabei, bis zum Moment des Umschwungs, noch notwendiger werdender, Werbung -ohne die jetzt zumeist zwangsläufige Täuschung-, zu erfüllen.

Ein Handeln jedenfalls, das in solche Art Willen zum Markt mündet, wird zweifellos zweifach diesen beeinflussen müssen. Erstens sollten ohnehin wir, unsere Vorstellungen und Wünsche das Kaufen bestimmen, sind also wir Markt, und wir ändern ihn nur so weit, wie wir selbst, man könnte das heute bereits rücksichtsloser sagen, demnächst uns bereit finden, umzudenken, und es fragt sich, wie weit, uns damit zu ändern, werden wir dann noch in der Lage sein.

Seinerseits wird er ganz sicher uns anders treffen, wenn erst ein, durch ihn nicht mehr behebbar, mangelndes Angebot, die Erfüllung unserer Nachfrage begrenzen muß. Wir werden uns deshalb, kaum mehr ist es zu hoffen, noch bevor ein solcher Zustand erreicht ist, zweitens, obwohl nichts von allem bisher in diesem Sinne dafür geleistete, uns durch Erfolg dementsprechend überzeugen kann, um eine allgemeine Gesetzgebung zu ihm sorgen, uns gegen ihn durchzusetzen, über Normen, innerhalb derer er schließlich wirklich nur vollzieht, was

УТОПИЯ И РЫНОК (ЛИРИЧЕСКОЕ)

В первый раз я читаю моральное требование Канта, его постулат воли: «Поступай так, чтобы она в любое время... могла бы считаться принципом всеобщего законодательства», и я нахожу удовольствие в этом утверждении: ведь наши действительные, действительно наши потребности и допускают рынок и волю к рынку действительного, причём уже здесь истинное удовлетворение, собственно, возникает лишь посредством обмена между объектом (фразой) и субъектом, то есть тогда, когда рынок действительного и соответствующая воля направлены на наши исконные потребности и, следовательно, позволяют существование пусть даже дорогой и, впрочем, кажущейся ненужной, но именно в момент перелома всё ещё более необходимой рекламы – без ныне по большей части неизбежного обмана.

В любом случае действие, оканчивающееся в таком роде воли к рынку, будет несомненно в двояком смысле влиять на него. Во-первых, нужно, чтобы мы, наши представления и желания определяли необходимость покупки, стало быть мы и есть рынок, и мы изменяем его лишь постольку, поскольку мы меняемся сами, или, говоря более жёстко, насколько мы сами готовы умственно измениться.

Спрашивается, насколько мы ещё будем в состоянии измениться? Рынок же, со своей стороны, наверняка будет воздействовать на нас совсем иначе, если его недостаточное и им уже не регулированное предложение будет ограничивать удовлетворение наших запросов. Поэтому мы, ещё не дойдя до этой степени положения, при всём том, что ничего в этом смысле ещё до сих пор не произошло такого, что убедило бы нас в успехе, будем вынуждены позаботиться о всеобщем законодательстве относительно рынка, чтобы утвердить собственные нормы, внутри которых он действительно будет исполнять лишь то, чего хотим

wir auch wollen. Dabei haben wir eigentlich mit der Absicht nichts gekonnt, ihm in dieser Weise etwas wegzunehmen, es sei denn, seinen bislang in weiten Teilen immer noch kostenfreien Rückgriff auf die Natur, denn damit geht momentan alles dahin, statt ihn, uns aufzuheben.

Über das in dieser Aussage negativ beschriebene hinaus, sollten wir deshalb das im »Aufheben« für uns inbegriffene, im Allgemeinen weiter uns oftmals verborgen gehaltene, Zweite, die Konsequenz, die, zum Positiv belichtet, auf jeden Fall lesbar und verständlich wird, annehmen können. Statt ihn, uns aufheben, hieße dann ebenso, uns überdauern lassen, auf einer anderen Stufe »aufzuheben«, wie das bis Hegel noch unverfängliche Wort, für uns seit langem schon angestrebte Anschauung von Welt, widergibt. – So wird es dieses eine Mal möglich werden, Handeln in einen Willen im Kantschen Sinne zu bringen, nur durch eine mit beiden übereinstimmende, in Obereinstimmung gebrachte, Gesetzgebung im Konkreten, hier am Markt, es würde wahrscheinlich, dadurch eine andere Realität für diesen »Kuppler« zu schaffen, der sich nur all zu gern in jede Ausschreibung über unsere Bedürfnisse, mit gar nicht so undurchschaubar, wie auch immer vorgegebenen Regeln, – die sie prägen, verweisen mit Bedacht auf ihn – , schon im Voraus, drängen möchte. Es sollten daher der Marktwillen für Wikliches und noch zu findende allgemeine Gesetze, in denen er sich frei bewegen kann, marktbestimmend, möglicherweise zu einer Wirklichkeit führen, in der am Ende auch ein Markt, heute in seiner Vorgabe noch immer Endpunkt weltanschaulicher Rechts/Links- Debatten, zukünftigen Generationen die Befriedigung wieder bewußt werdender – dann schmerzlicher als heute – lebensnotwendiger Bedürfnisse, nicht weiter untergräbt.

Ein in diesem Sinne wirklich lebensnotwendiger Markt wird so entstehen und Bestand haben müssen, und damit

мы. При этом мы, собственно, ничего не достигли нашим намерением отобрать у него что-либо таким путём, за исключением в большей части бесплатного захвата им природы, поскольку в настоящее время всё сводится к тому, что вместо него мы упраздняем лишь себя.

Сверх негатива, описанного в данном изложении, нам следовало бы то, что подразумевается под понятием «упразднения», и в общем нам сокрытое «второе», перенеся его в позитив, сделать прочитываемым и понятным. Упразднение себя вместо него значило бы – наше выживание, т.е. «упразднение» на иной ступени, что до Гегеля было ещё невинным словом, отражающим для нас уже давно желанное нами миросозерцание. Таким образом, на этот раз становится возможным перенести действие в волю в кантовском смысле лишь посредством приведённого в соответствие с обоими понятиями законодательства в конкретности, в данном случае на рынке. Тогда станет возможным создать иную реальность для этого «посредника», стремящегося уже наперёд вмешаться в наши потребности с какими бы то ни было правилами, каковые при необходимости и с умыслом ссылаются на него же. Поэтому воля к рынку действительного и требуемые для этого всеобщие законы, в рамках которых он мог бы передвигаться свободно, могли бы подвести к некоей действительности, в которой и рынок – ныне всё ещё конечная точка мировоззренческих дебатов типа «право – лево» – не стал бы в дальнейшем подрывать жизненно важные потребности, ставшие вновь осознанными для последующих поколений.

Такой в этом смысле действительно жизненно необходимый рынок должен возникнуть и утвердиться, а вместе с ним и потребность в рынке, как мотивация и принцип, которого пока ещё боится мир, боится за своё существование, нынче во много раз больше, чем когда бы то ни было.

sollte zugleich das Marktbedürfnis, als das die Welt jetzt vor allem treibendes, längst auch gefürchtetes, Motiv und Prinzip, nicht mehr wie bisher so oft, unsere, jetzt uns noch einmal, unerwartet, um ein vielfaches anfälliger erscheinende, Existenz, in Gefahr bringen.

Ist, bleibt das Utopie, wäre das noch Markt. - Es ist jedenfalls etwas dabei von meinem Gefühl mit ihm, die Beschreibung später Abhängigkeit, im plötzlich zweifach gewordenen Leben, seit nichts mehr grenzt zwischen mir und seiner Nähe und alles »Planbare« verschwindet. Das von Beginn an »Hintergründige« im Text, aus der Entfernung dieser Zeilen zum Logischen, zum Wissensanspruch, diesmal noch, leicht zu umschreiben, mehrfach mögliche, ist jetzt ausgesprochen, niemandem drohend, als beständiger Wunsch, soll es ein zwar nicht austauschbares, aber dennoch vielfältig kopierbares Angebot, nicht ohne annehmbaren, bezahlbaren Wert, auf einem noch außergewöhnlichen Markt, bleiben. Vermute keiner daraus den großen, in mir nun nostalgischen, Plan. Das nicht, nicht einmal Entwürfe dazu taugen, für Widersprüchliches, das bleibt, wie alles auch lyrisch, zuletzt, und das Fragen verlischt nicht, muß Lyrik immer ganz utopisch und Markt wie herrenlos und ewig gegen mich sein. Es wär kein fairer Preis.

03.07.95

15 Tage später: Wir sollen, scheint's, unsere Lebensgrundlage, und sie mag die uns genehme sein, auf den Betrug, das Sich - heimlich gegenseitig - Betrügen stellen, und wir nennen es Markt. Das aber, was uns wirklich menschlich nah ankommt, die Sehnsucht nach der(m) Einen und nach einer(m) Anderen, noch heimlich daneben, was Teil unserer wirklichen Lebensart vielleicht ist, selbstverständlich gern wieder sein würde, müssen wir noch jetzt, als betrügerisch für den Anderen, uns Nächstem, als für den eigentlich unverzeihlichen Betrug, ausgeben.

Если это есть и останется утопией, то это всё ещё будет рынком. В любом случае есть в этом нечто, в моём ощущении его, – описание поздней зависимости во внезапно удвоенной жизни, с тех пор, как между мной и его близостью не граничит ничего и всё «планируемое» исчезает. Присутствующий с самого начала «задний план» в тексте, при отдалении от этих строк к логике, к претензии на знание, ещё можно с лёгкостью описать, и многократно возможное, никому не угрожающее, теперь высказано как постоянное желание. Пусть даже останется неизменное, и тем не менее многократно копируемое, предложение не без приемлемой, оплачиваемой цены на пока ещё чрезвычайном рынке. Пусть никто не предполагает задуманного мною великого, теперь уже во мне ностальгического плана. Этого нет, нет даже толковых проектов к противоречивому, которое осталось бы, как всё лирическое, наконец, и вопросы не затухают, посему лирика всегда полностью утопична, а рынок, всегда как бы бесхозный, будет вечно против меня. Цена была бы неприемлемой.

03.07.95

15 дней спустя: Кажется, нам следует перестроить основу нашей жизни, как бы приятна она нам ни была, на обман, на обоюдный тайный самообман, который мы называем рынком. Однако то, что нас касается чисто по-человечески, тоска по одному и по другому, что втайне находится рядом друг с другом, что, возможно, является частью нашего действительного образа жизни, и желательно, чтобы он, само собой разумеется, продолжался и далее, – всё это нам уже сейчас придётся признать обманчивым для другого, нам ближнего, – признать собственно непростительным обманом.

Andreas Diehl

Geboren im November 1951 in Eilenburg (Sachsen). Bis 1964 Kindheit in dieser Stadt. Abitur und Lehre als Rinderzüchter von 1966 bis 1970 in Leipzig.

In den Jahren 1972 bis 1975 Studien des Völkerrechts in Moskau und von 1976 bis 1978 der Internationalen Beziehungen in Potsdam. Frühzeitiger Abbruch einer diplomatischen Laufbahn aus persönlichen Motiven. Dafür zunächst drei Jahre in einer Industriegewerkschaft des FDGB als Mitarbeiter für internationale Verbindungen beschäftigt. 1981 Wechsel in die Abteilung Kultur und Archiv des Nationalrates der Nationalen Front der DDR und ausgefülltes Wirken insbesondere im Archiv bis 1989. Zugleich von 1986 bis 1989 postgraduales Studium der Archivwissenschaft an der Humboldt- Universität Berlin und Ernennung zum Facharchivar. Seit dem tätig und wohnhaft als solcher in Berlin.

Erste lyrische Schreibversuche in den frühen achtziger Jahren. Spontane Verse in persönlichen Krisen wechseln mit Zeilen aus der Bindung in Alltag und Zeit, die DDR in der Periode der sowjetischen Perestroika. Liebeslyrik oft Faden, verwoben in Stoffe aus (DDR-) deutscher Wende und Nachwende.

Inhalte bezogen aus Existenz und - Ängsten, von Liebe und Teilhabe in zwei Gesellschaften. Ständig wiederkehrend der mögliche und gescheiterte Lebensversuch in zwei Nationen, Russland und Deutschland, eine lyrische Erinnerung und Vorwegnahme des möglichen realen Verlustes. Dabei erste mehrfache Veröffentlichungen von Gedichten in den Zeitungen »Neues Deutschland« und »Junge Welt« in den Jahren 1989 bis 1994, sowie Abdrucke in einer Vielzahl von Anthologien. Herausgabe des gleichnamigen Buches »Abschied ins Dritte Land« im Verlag »Schatulle & Safari« im Jahr 2002.

Андреас Диль

Родился в ноябре 1951 года в Айленбурге (Саксония), где проживал до 1964. Заканчивал школу и обучался по специальности «Разведение крупного рогатого скота» с 1966 по 1970 в Лейпциге.

Высшее образование: в 1972 – 1975 годах в Москве изучал курс «Международное право» и в 1976 – 1978 в Потсдаме курс «Международные отношения». Досрочно прервал дипломатическую карьеру по личным причинам. Три года работал в качестве специалиста по международным связям в одном из отраслевых промышленных профессиональных союзов Объединённой федерации немецких профсоюзов. В 1981 перешёл на работу в Отдел культуры и архивов Национального Фронта ГДР, где трудился до 1989 года. В 1986 – 1989 заочно обучался по специальности «Архивное дело» в Университете Гумбольдта в Берлине, после чего получил назначение архивариусом, каковым и работает в Берлине по сей день.

Первые поэтические опыты – в начале 80-х. Спонтанные стихи периода личных кризисов сменяются строками переживаемых будней времени ГДР в годы советской перестройки.

Нити любовной лирики часто переплетаются с сюжетами времён немецких перемен и после перемен. Внутренний мир стихотворений складывается из существования и страхов – перед любовью и соучастием в двух общественных формациях. Постоянно возникают мотив возможной и обречённой на провал попытки жизни в двух нациях, в двух странах, России и Германии, лирическое воспоминание и предвосхищение возможной реальной потери. В 1989 – 1994 годах последовали многократные публикации стихотворений в газетах «Новая Германия» и «Юный Мир». Далее – участие в ряде поэтических антологий. В 2002 году издательством «Шатулле и Сафари» выпущено первое издание книги «Прощание в третью страну».